Couvertures supérieure et inférieure
manquantes

LETTRES DE PHILIPPE-LE-BON

Tiré à 50 exemplaires

LETTRES

DE

PHILIPPE-LE-BON

Duc de Bourgogne

AUX HABITANTS DE LA VILLE DE SAINT-QUENTIN

PUBLIÉES PAR

GEORGES LECOCQ

SAINT-QUENTIN

Imprimerie Ch. POETTE, rue Croix-Belle-Porte, 19

1875

LETTRES DE PHILIPPE-LE-BON

Duc de Bourgogne

AUX HABITANTS DE LA VILLE DE SAINT - QUENTIN

Les Archives de la ville de St-Quentin contiennent (liasses 3, passim; 7; et 151, dossier A) des lettres patentes, missives, etc., adressées par Philippe-le-Bon, duc de Bourgogne, aux habitants de la capitale du Vermandois, alors en son pouvoir. Elles vont de 1419 à 1463, comprenant ainsi toute la durée du pouvoir du prince. Nous les donnons soit en résumé, soit in-extenso, suivant l'intérêt qu'elles présentent.

En 1419, le duc de Bourgogne, Jean-sans-Peur expiait, au pont de Montereau, l'assassinat du duc d'Orléans qu'il avait fait tuer, douze ans plus tôt, dans les rues de Paris. Ce meurtre, suite fatale d'un autre meurtre, allait avoir les plus douloureuses conséquences.

Le nouveau duc, âgé de vingt-trois ans, succéda à son père sous le nom de Philippe-le-Bon. A la nouvelle de l'attentat, il consulta, de Gand où il était, son conseil et les habitants de Gand, d'Ypres

et de Bruges, puis il vint à L''le où il reçut les
habitants de Paris et convoqua les députés des
villes sous son obéissance pour une assemblée à
tenir le 17 octobre à Arras, assemblée qui allait
se terminer par un traité avec le roi d'Angleterre.

Voici la lettre de convocation écrite par le duc
à la ville de Saint-Quentin:

*A nos tres chiers et bons amis les gens d'Eglise, maire,
eschevins, bourgeois, manans et habitans de la ville de
Saint-Quentin.*

Le duc de Bourgogne conte de Flandres, d'Artois
et de Bourgogne.

Tres chiers et bons amis. Apres ce que nous
avons sceu les nouvelles du tres horrible et trai-
treux murdre perpétré en la personne de feu mon
tres chier seigneur et père dont Dieu par sa grâce
vueille auoir l'ame lequel nous est ainsi que raison
et nature donnent tant triste et doulereux que
plus ne pourroit il, est venu a notre congnois-
sance come la bonne ville de Paris et plusieurs
autres bonnes villes de ce royaume estans en
l'obeissance de mons. le Roy sont en tres grant
peril et dangier des ennemis qui sont espars en
plusieurs lieux de ce royaume, lesquelz leur por-
tent guerre empeschent vivres et provisions,
leur destruisent le fait de la marchandise et des la-
boraiges, font tous les domages desplaisans et in-
convéniens quilz peuvent, et pour ce que nous dé-
sirons à y pourveoir en ensuivant la bonne et
brave entencion que feu mondit s^r et père avoit à

la reparation de la seignorie de cedit royaume, et
à la paix et union d'icellui en quoy il avoit tant
traveillié et laboré qu'il la tenoit avoir seure et
ferme, ainsi faisoient toutes gens de bonne vou-
lonté ; vous signiffions que pour adviser mettre
fin et conclure provisions et remédes prouffitables
pour la réparation, paix et transquillité de cedit
royaume et mesmement des marches de pardeça,
le relever et deschargier des oppressions impor-
tables qui y sont à quoy nous nous voulons au
plaisir de Dieu exposer et emploier de cuer, de
corps et de chevaux, nous avons ordonné de tenir
une journée en notre ville d'Arras au xviiie jour
d'octobre prouchain venant et escrivons à plusieurs desdites villes estans en l'obéissance de
mondit sr qu'il vueillent envoier par devers nous
à ladite journée leurs comis et deputez plainement
fondéz et chargiez de leurs voulentez et entencions
en ceste matière. Si vous prions bien, tres chiers
et bons amis, que a icelle vueilliez envoier les
votres en compétant nombre, souffisament fondez
et chargiez de tout ce que entendrez et vouldrez
faire avec nous en ladite matière, sans en faillir,
sur tout le plaisir que povez et désirez faire à
Mons. le Roy et à nous, et avec ce vous prions que
en la bonne obéissance et loyauté que tousiours
avez eue envers mondit sr le Roy, veuillez ferme-
ment persévérer en continuant envers nous la
grande affection que vous aviez à feu mondit sr et
père qui tout chierment vous avoit et au plaisir de
Dieu nous vous aiderons, secourrons et deffen-

drons en vos nécessités et affaires de toute notre
puissance et aurons tousiours pour tres speciale-
ment recommandez ainsi que par effect apperce-
vrez s'ils vous en est besoings, tres chiers et bons
amis, le saint Esprit vous ait en sa sainte garde.
Escript en notre ville de Lille le XXIXᵉ jour de
septembre.

Signé MENART.

La seconde et la troisième lettres ne sont pas
datées ; mais par les renseignements qu'elles ren-
ferment sur la maladie de Philippe-le-Bon et sur
la marche du roi d'Angleterre contre les Dauphi-
nois occupant, ou tout au moins parcourant la
Champagne et la Picardie, on peut les croire vrai-
semblablement de 1421. Cette année, les Anglais et
leurs partisans furent plus d'une fois inquiétés.
Aussi les lettres du duc à ses « tres chiers et bien
amez » laissent-elles sentir quel prix il attachait à
leur alliance ou même à leur seule neutralité;
combien aussi il était peu sûr d'eux, connaissant
leurs vœux pour le parti du futur Charles VII, le
parti de la France.

**Le duc de Bourgogne, conte de Flandres, d'Ar-
tois et de Bourgogne,**

Tres chiers et bons amis, pour l'affection que
nous savons de certain vous avoir à nous et que
desirez oir en bien de nostre estat nous escrivons

par devers vous et vueilliez savoir que combien que
puis vii mois en ca nous ayons esté surprins de
maladie laquelle s'est muce en quarte dont avons
esté traveillié néantmoins nous somes presentement, la mercy nostre seigneur, en bonne disposition esperans que ladite maladie ne nous durera
pas longuement, et oultre vous signiffions que
nous avons entendu que les ennemis de Mons. le
Roy et les nostres se peinent par sentilles et mali-
cieuses voyes de vous decevoir et seduire tendans
afin de vous attraire de leur part en coulourant
leurs euvres et entencions par langages frauduleux
et palliez ou il n'a aucune vérité formée à notre
charge et disent que nous avons délaissié le parti
que avons prinz dont il n'est rien, et ne somes pas
gueres esmerveuilliez desdiz langages veu que en
tous leurs faiz ils ont accoustumé de ainsi parler.
Dequoy plusieurs gens simples et de bonne foy par
cy-devant ont esté et sont de jour en jour en moult
de manieres piteusement deceuz et destruits, ainsi
que en divers cas ce a esté et est chose évidente et
notoire, et vous advertissons, tres chiers et bons
amis, afin que vous y preniez garde, saichons que
nous aurions tres grand desplaisire que veinssiez
à tel inconvenient que Dieu ne veuille et ne creez
pas ne ouvrez vos oreilles à telles paroles fraudu-
leuses et tendans à mauvaise conclusion, car sup-
posé quil y ait apparence de doulceur et bonté,
toutevoye lentencion desdiz ennemis est toute
autre. Vous povez congnoistre le tres grant mes-
chief ou se sont boutez ceulx qui ont varie et

. n'ont point tenu la main ferme. Et nous avons bonne estimacion et confidence de vous que y pourverez et vous entretenrez tousjours de bien en mieulx ainsi que avez accoustumé, et ne doubtez point que au plaisir de nostre Seigneur quelques nouvelles que lesdiz ennemis sément et publient a leur avantage apparoitra briefment du contraire, et se ilz font pour le present aucune entreprinse il y sera bien et grandement resisté à leur confusion, et desia pour ce quilz comencoient en aucuns lieux courir en Champaigne et Valois et ailleurs, beau cousin le Regent y a envoyé à puissance pour les rebouter et dechairer daucunes meschantes places que y emblee et dessoictement ilz ont emis et encores y sera tost plus grandement et amplement pourveue. Tres chiers et bons amis, se aucune chose vous survient voulez que puissons faictes le nous savoir et nous nous emploierons de tres bon cuer. Et scet le saint esprit qui vous ait en sa saincte garde. Escript en notre ville de Lille, le xe jour de septembre.

Signé MENART.

Au dos : A nos tres chiers et bons amis les gens d'Eglise, officiers de monss. le Roy, bourgeois et habitans de la ville de Saint-Quentin.

Le duc de Bourgoigne, comte de Flandres, d'Artois et de Bourgogne,

Tres chiers et bons amis, ja soit ce que nous
et aucuns de nos bons et loyaulx amis vous ayons
puis nagaird escript et ediffié de notre estat
dont nous savons que vostre volenté est oyer sou-
uent bonnes nouvelles, neantmoins nous avons
entendu que par devers moyens les ennemis de
monseigneur le Roy et les nostres s'efforcent de
vous faire croire le contraire et moult de choses
contre vérité à la charge de nous et de nos bien-
vueillans tendans affin de seducton pour vous
malicieusement actraire à leur damnable parti ;
Et pourtant tres chiers et bons amis nous vous
signiffions et ediffions que combien qu'il ait pleu
a Monss. Jhu Crist nous visiter de maladie de
quartre laquelle est à plusieurs commune, toutes-
voies nous en somes la sienne. . . . . . . en bonne
disposition, et ne nous est pas icelle maladie tant
griève de beaucop quelle a esté esperans en sa be-
noite grâce et miséricorde ja briefment en annonce
parfaite convalescence et garison et telle que au
printemps nous pourrons aller en France pour
nous employer d'affecton et puissance avecques
beau frere le Regent du royaume et le duc de Bre-
tainne à icelluy remettre sus en bonne paix et
justice au reboutement des ennemis qui sont cause
de la désolation qui y est. Sy vous requerons
tres chiers et bons amis que vous veuilliez adiez
entretenir en fondant bonne obéissance envers
Monss. le Roy et ses officiers sans varier de
prendre autre maniere que navez fait, ainsi que
en avons tres singulière et parfaite confiance, sa-

chons que saucune chose vous survient ou vueilliez que puissions nous empresser de la faire
et acomplir de grand cœur, tres chiers et bons
amis. Le saint Esprit vous ait en sa sainte garde.
Escript en notre ville de Lille le XIII jour de
janvier.

Signé MENART.

A nos tres chiers et bons amis les gens d'Eglise,
officiers de mons. le Roy, bourgeois et habitans
de la ville de Saint-Quentin en Vermandois.

La quatrième lettre est de beaucoup la plus impor-
tante; aussi, a-t-elle déjà été analysée et publiée. On
sait les événements qui s'accomplirent de 1419 à
1430; le roi d'Angleterre envahissant la France, la
reine Isabeau de Bavière et presque toute la noblesse
pactisant avec l'ennemi, Charles déshéritant le
Dauphin et léguant, par le traité de Troye, son
trône au prince anglais ; puis, vient la régence de
Bedfort, le siége d'Orléans en violation de toutes
les règles de la chevalerie, le duc étant prisonnier
depuis Azincourt ; enfin, l'héroïsme de Jeanne
d'Arc, ses victoires, son triomphe et les revers
après le sacre de Charles VII à Reims. Le 23 mai
1430, date fatale entre toutes, la Pucelle d'Orléans
et quelques-uns de ses défenseurs tombaient sous
les murs de Compiègne au pouvoir des ennemis
qui allaient devenir ses bourreaux. Un prince

français, Philippe-le-Bon, eut le triste courage de se réjouir d'un si malheureux succès; il écrivit aux habitants de Saint-Quentin pour leur apprendre cette mauvaise nouvelle qui dut retentir douloureusement en leurs cœurs :

De par le duc de Bourgongne conte de Flandres, d'Artois, de Bourgongne et de Namur,

Très chiers et bien amez, sachant que vous désirez savoir de noz nouvelles vous signifions que ce jourd'huy xxiiie de may environ six heures après midy les adversaires de mons. le Roy et les nostres qui s'estoient mis ensemble en tres grosse puissance et boutez en la ville de Compiengne devant laquelle nous et les gens de nos armes sont logies sont saillis de ladite ville à puissance sur le logie de mes avangarde le plus prouchain d'eulx, à laquelle saillie estoit celle qu'ilz appellent la Pucelle avecqs plusieurs de leurs principaux capitaines, à l'encontre desquels beau cousin mess. Jehan de Lucembourg qui y estoit présent et autres noz gens et aucuns des gens de mons. le Roy quil avoit envoié pardevers nous pour passer oultre et aler à Paris ont fait tres grand et aspre resistence et prestement en ma personne y armasmes et trouvasmes que lesdiz aduersaires estoient ja reboutez et par le plaisir de mon benoist Créateur la chose est ainsi avenue et nouz a fait tele grace que icelle appellée la Pucelle a este prise et avecques elle plusieurs capitaines celebres, chevaliers, escuyers et autres prins noiez et mors dont à ceste heure nous ne savons encores les noms, sans ce que aucuns de noz gens ne des gens de mondit sieur le Roy y aient esté mors ou prins ne qu'il y ait eu de nos gens bleciez vint personnes, la grâce Dieu. De laquelle prise ainsi que tenons certainement seront granz nouvelles partout et sera congneuc l'erreur et folle créance de tous ceulx qui es faiz d'icelle femme se sont rendus enclins et favorables ; et ceste chose vous escrivons pour noz nouvelles, esperans que en aurez joye, confort en consolacion et en rendrez graces et louenges à nostre dit créateur qui tout voit et cognoist, et qui, par son benoist plaisir, vueil le conduire le surplus de nos emprises au bien de nostre dit seigneur le Roy et de sa seigneurie et au relièvement et reconfort de ses bons et loyaulx subgez. Très chiers et bien amez, le saint Esperit vous ait en sa sainte garde.

Escript à Côdun empres Compiengne le xxiiie jour de may.

Signé MILET.

Au dos : A nos très chiers et bien amez les gens d'Eglise, bourgeois et habitans de Saint-Quentin en Vermandois.

Les lettres suivantes ont bien moins de valeur.

Le 12 juin 1435, Philippe-le-Bon, alors à Valenciennes, concède aux habitants de Saint-Quentin un octroi sur le vin et la bière.

En 1439, il autorise l'impôt d'une aide pour le recouvrement de 800 livres tournois, comme nous l'apprend ce *Vidimus* :

VIDIMUS

A tous ceulx qui ces présentes lettres verront ou oiront Adam Lecomveur licencié en lois garde de par le Roy nostre sire et monseigneur le duc de Bourgongne du scel royal de la baillie de Vermandois estably à Saint-Quentin salut. Savoir faisons que l'an de grâce mil quatre cens trente-neuf le onziesme jour du mois de mais par Guy Dagard tabellion royal demeurant Saint-Quentin commis et jure en ce cas auroit veues tenues et leues mot apres autre unes lettres en parchemins saines et entières en scel et escripture scellées du scel de secret de mondit sire le duc en simple queue et cire vermeille et comme par inspection d'icelles apparut aux commis desquelles la teneur sensuit : Philippe par la grâce de Dieu, duc de Bourgogne de Lothr. de Brabant et de Lemboure, comte de Flandres, Artois et Bourgongne, palatin de Haynau, de Hollande, de Zeellande et de Namur, marquis du Saint-Empire, seigneur de Frise de Salins et de Malines à notre bailli de Saint-Quentin ou à son lieutenant salut ; comme pour l'entretenement des frontières et pourveoir à la résistence des Angloiz ennemis et adversaires et de monsire le Roy et les nostres eust esté mis assiette impost et aide ès villes estans sur la rivière

de Somme depuis ung an ; Et comme les autres
eust nostre ville de Saint-Quentin esté assise à la
somme de huit cens livres tournois pour sa part
et porcion dudit impost laquelle somme il est de
nécessité faire venir pour l'entretenement desdictes
frontières ce que les habitans d'icelle nostre ville
ne porroient faire sans asseoir et imposer sur eulx
aucun aide le plus convenable que faire se porra
pour le recouvrement desd. viiiᶜ l. t. en requerant
sur ce nos congié et licence pour ce est il que
nous ces choses consideres aux maire, eschevins
et jurez de notre dicte ville de Saint-Quentin avons
octroyé et accordé, octroyons et accordons par ces
présentes que vous... ils puissent asseoir et imposer en icelle nostre ville aucun aide convenabl ·
pour le recouvrement de lad. somme de huit cens
livres tournois porveu que à ce se consentent la
plus grant et seine partie des habitans d'icelle
nostre ville et que noz demaine et aussi les aides
ayant leur cour en icelle nostre ville nen diminuent
ou amencissent en aucune manière. Et vous
mandons et comectons que les reffuzans et contre-
disans saucun en y a paier ledit aide vous contrai-
gniez en cas d'efforce à pieur ce par la plus grant
et semi partie aura esté consenti pour le recouvrement come dit est par toutes voyes et manières
de contrainte deues et raisonnables. Car ainsi le
volons estre fait. Donné en nostre ville de
Brouxelles le douziesme jour de may l'an de grâce
mil quatre cent trente-neuf soubz nostre scel de
secret en absence du grant. Ainsi signé par mon-

seigneur le duc à la relacion du conseil Hugues. En tesmoing de ce nous à la relacion dud. commis juré avons mis à ces présentes lettres de vidimus du transcript le scel royal de bailli dessudit. Ce fut fait l'an de grâce mil quatre cens et trente-neuf, le vingtiesme jour du mois de mars dessus premier diz.

En 1443, appel aux armes contre les écorcheurs.

Robert-le-Josne seigneur de Forest conseiller de mon tres redoubté seigneur monseigneur le duc de Bourgogne, gouverneur des baillages d'Arras, Bapalme, Avesnes et Aubegny seigneur a cheval de mondit et tres redoubté seigneur ausquels ces lettres verront salut. Savoir faisons que avons présentement receu les lettres patentes de mondit tres redoubté seigneur scellées de son present scel en simple queue desquelles la teneur s'ensuyt.

Philippe, par la grâce de Dieu duc de Bourgogne, etc. A nos gouverneurs d'Arras, de Hesdin bailly de Saint-Omer et à tous noz autres baillis, etc. salut. Pour ce que présentement nous sont venues nouvelles que depuis les treves paix et accords de Monseigneur le Roy avec les Anglois, les routiers et cappitaines de gens de guerre qui ont suyvi par cy-devant mondit seigneur le Roy et monseigneur le Daulphin ont prins leur conclusion de entrer en noz pais et seignourie les destruire et y

faire du pis qu'ilz pourront pendant lesd. treves
contre la defense de mondit seigneur le Roy et de
monseigneur le Daulphin et desia sont une partie
d'iceulx entrez en nos pais cause nous est advenu
et les aultres y veulent tres brief aler pour eulx y
assambler. A quoy somes déliberez et concluz de
résister de tout nostre povoir et y exposer nostre
personne et voulons vous mandons et tres expres-
sement comandons par ces présentes à chacun de
vous en droit soy que vous et chacun de vous.......
se mettre de son office ou bon a accoustume d'estre
crié, et voulons faire crier et publier solempnele-
ment que tous noz feaulx et vassaulx et aultres nos
subjetz qui ont accoustume eux armer se mettent
sus incontinent en armes les mieulx montez,
armez et abilliez que faire se porra et se tirent par
devers nostre tres chier et tres ame nepveu et
lieutenant general es marches de Picardie le conte
destampes que se envoions presentement en icelles
marches pour ceste cause pour les faire tirer es
lieux et place quil leur ordonnera de par nous, et
illec est receux à monstre et leur est fait ban
pour le temps quil seront en nostre compai-
gnie et que cependant ils vinrent gracieusement
teliement que nayons cause destre mal contens de
eulx et qu'il ne soit besoing de proceder de par
nous à la punition de ceulx qui feront le contraire.
En faisant en eulx exprez comendement et deffence
de par nous solempnellement par cry publique
come dessus que nulz de nos dits féaulx, vassaulx
et subjiez de quelque estat quilz soient ne soient

telz ne sy hardis de eulx de partir de nosd. pais
pour aler en armes au mandement de quelque
seigneur ou cappitaine que ce soit si ce nest par
l'ordonnance et express recommandement de nous
ou de nostre dit nepveu le duc d'Estampes sur
peine de fourfaire envers nous.

Donné en nostre ville de Bruges le iiie jour de
juin de l'an de grâce mil iiii^c xliii.

Suivent quelques lignes d'attestation que tel est
bien le texte, qu'il a été publié à Saint-Quentin
par Thomas Lefevre tabellion royal le x juin etc.

Le 28 juillet 1445, concession, datée de Mons,
d'un octroi pour aider au remboursement des
500 livres payées.

En 1457, affranchissement du sol pour livres des
marchandises amenées à la foire de Saint-Denis.
Le 10 mai 1465, de Bruxelles, ordonnance de lever
1,400 livres sur les habitants de l'Election.

Le 6 octobre de la même année, permission de
lever, pendant trois ans, un denier par tonneau
de vin.

Le 10 septembre 1461, ordonnance de lever
1,500 livres sur les habitants de l'Election.

Après la mort de Charles VII, un des premiers
actes de Louis XI fut le rachat des villes de la

Somme, dont la rançon fut payée dans les derniers mois de l'an 1463. C'est sans doute aux préliminaires de cette vente que se rapporte la dernière lettre que voici :

A nos tres chiers et bien amez les (déchirure) echevins de nostre ville de Saint-Quentin (déchirure).

De par le duc de Bourgoingne, de Brabant, et de Lemb. conte de Flandres, d'Artois et Bourgoingne, de Haynaut, de Hollande, de Zellande et de Namur. Tres chiers et bien amez. Nous avons presentement chargié et ordonné à nos amez et faulx le seigneur de Roye et le seigneur de Moreuil chevaliers nos conseillers et chambell. et maistre Jehan Vastel aussi nostre conseiller et maistre des requestes de nostre hostel et Jacques de Filleschamps nostre recepveur des aides d'Anvers, eulx transporter en nostre ville de Saint-Quentin et y estre le xx⁰ jour de juing prouchain pour le lendemain vous dire et exposer de bouche de par nous aucunes choses touchans noz presentes affaires. Si vous prions que aud. jour vous y soyez en personne pour oyr ce quilz vous diront et exposeront de nostre part et au surplus faire en la matière dont ilz vous parleront telement que ayons cause destre content et vous en savoir gre. Tres chiers et bien amez nostre Seigneur soit garde de vous. Escript en nostre ville de Bruges, le xxii⁰ jour de may d° lxiii.

Signature avec Paraphe.